I0792266

<u>*My day:* ...... / ...... / ....</u>

Daily plan

N°	
1	....
2	....
3	....
4	....
5	....
6	....
7	....
8	....
9	....
10	....

Evaluation

N°	100%	50%	0%
1			
2			
3			
4			
5			
6			
7			
8			
9			
10			

Notes

....

....

....

....

....

<u>*My day:*</u> ...... / ...... / ....

Daily plan

N°	
1	....
2	....
3	....
4	....
5	....
6	....
7	....
8	....
9	....
10	....

Evaluation

N°	100%	50%	0%
1			
2			
3			
4			
5			
6			
7			
8			
9			
10			

Notes

....

....

....

....

....

<u>*My day:* .... / .... / ....</u>

N°	Daily plan
1	....
2	....
3	....
4	....
5	....
6	....
7	....
8	....
9	....
10	....

N°	100%	50%	0%
1			
2			
3			
4			
5			
6			
7			
8			
9			
10			

Evaluation

Notes

....

....

....

....

....

Daily plan

N°	
1	....
2	....
3	....
4	....
5	....
6	....
7	....
8	....
9	....
10	....

Evaluation

N°	100%	50%	0%
1			
2			
3			
4			
5			
6			
7			
8			
9			
10			

Notes

....

....

....

....

....

My day: …… / …… / ……………

Daily plan

N°	
1	……………………
2	……………………
3	……………………
4	……………………
5	……………………
6	……………………
7	……………………
8	……………………
9	……………………
10	……………………

Evaluation

N°	100%	50%	0%
1			
2			
3			
4			
5			
6			
7			
8			
9			
10			

Notes

……………………………………………………………………

……………………………………………………………………

……………………………………………………………………

……………………………………………………………………

……………………………………………………………………

<u>**My day:** ...... / ...... / ....</u>

Daily plan	
N°	
1	....
2	....
3	....
4	....
5	....
6	....
7	....
8	....
9	....
10	....

N°	100%	50%	0%
1			
2			
3			
4			
5			
6			
7			
8			
9			
10			

Evaluation

Notes

....
....
....
....
....

My day: .... / .... / ....

Daily plan

N°	
1	....
2	....
3	....
4	....
5	....
6	....
7	....
8	....
9	....
10	....

Evaluation

N°	100%	50%	0%
1			
2			
3			
4			
5			
6			
7			
8			
9			
10			

Notes

....

....

....

....

....

<u>*My day:* .... / .... / ....</u>

Daily plan	
N°	
1	....
2	....
3	....
4	....
5	....
6	....
7	....
8	....
9	....
10	....

Evaluation			
N°	**100%**	**50%**	**0%**
1			
2			
3			
4			
5			
6			
7			
8			
9			
10			

Notes

....

....

....

....

....

<u>**My day:** .... / .... / ....</u>

Daily plan	
N°	
1	....
2	....
3	....
4	....
5	....
6	....
7	....
8	....
9	....
10	....

Evaluation			
N°	100%	50%	0%
1			
2			
3			
4			
5			
6			
7			
8			
9			
10			

Notes

....

....

....

....

....

<u>My day: ...... / ...... / ....</u>

Daily plan	
N°	
1	....
2	....
3	....
4	....
5	....
6	....
7	....
8	....
9	....
10	....

Evaluation			
N°	**100%**	**50%**	**0%**
1			
2			
3			
4			
5			
6			
7			
8			
9			
10			

Notes

....

....

....

....

....

Daily plan

N°	
1	....
2	....
3	....
4	....
5	....
6	....
7	....
8	....
9	....
10	....

Evaluation

N°	100%	50%	0%
1			
2			
3			
4			
5			
6			
7			
8			
9			
10			

Notes

....

....

....

....

....

<u>*My day:* ...... / ...... / ....</u>

Daily plan

N°	
1	....
2	....
3	....
4	....
5	....
6	....
7	....
8	....
9	....
10	....

Evaluation

N°	100%	50%	0%
1			
2			
3			
4			
5			
6			
7			
8			
9			
10			

Notes

....

....

....

....

....

Daily plan

N°	
1	....
2	....
3	....
4	....
5	....
6	....
7	....
8	....
9	....
10	....

Evaluation

N°	100%	50%	0%
1			
2			
3			
4			
5			
6			
7			
8			
9			
10			

Notes

....

....

....

....

....

My day: .... / .... / ....

Daily plan

N°	
1	....
2	....
3	....
4	....
5	....
6	....
7	....
8	....
9	....
10	....

Evaluation

N°	100%	50%	0%
1			
2			
3			
4			
5			
6			
7			
8			
9			
10			

Notes

....

....

....

....

....

<u>My day: .... / .... / ....</u>

Daily plan	
N°	
1	....
2	....
3	....
4	....
5	....
6	....
7	....
8	....
9	....
10	....

Evaluation			
N°	**100%**	**50%**	**0%**
1			
2			
3			
4			
5			
6			
7			
8			
9			
10			

Notes

....

....

....

....

....

<u>My day:</u> .... / .... / ....

N°	Daily plan
1	....
2	....
3	....
4	....
5	....
6	....
7	....
8	....
9	....
10	....

N°	Evaluation		
	100%	50%	0%
1			
2			
3			
4			
5			
6			
7			
8			
9			
10			

Notes

....

....

....

....

....

Daily plan

N°	
1	....
2	....
3	....
4	....
5	....
6	....
7	....
8	....
9	....
10	....

Evaluation

N°	100%	50%	0%
1			
2			
3			
4			
5			
6			
7			
8			
9			
10			

Notes

....

....

....

....

....

My day: .... / .... / ....

Daily plan

N°	
1	....
2	....
3	....
4	....
5	....
6	....
7	....
8	....
9	....
10	....

Evaluation

N°	100%	50%	0%
1			
2			
3			
4			
5			
6			
7			
8			
9			
10			

Notes

....

....

....

....

....

<u>*My day:* ...... / ...... / ....</u>

Daily plan

N°	
1	....
2	....
3	....
4	....
5	....
6	....
7	....
8	....
9	....
10	....

Evaluation

N°	100%	50%	0%
1			
2			
3			
4			
5			
6			
7			
8			
9			
10			

Notes

....

....

....

....

....

<u>*My day:* . . . . / . . . . / . . . .</u>

Daily plan

N°	
1	....
2	....
3	....
4	....
5	....
6	....
7	....
8	....
9	....
10	....

Evaluation

N°	100%	50%	0%
1			
2			
3			
4			
5			
6			
7			
8			
9			
10			

Notes

....

....

....

....

....

<u>*My day:* ...... / ...... / ....</u>

Daily plan

N°	
1	....
2	....
3	....
4	....
5	....
6	....
7	....
8	....
9	....
10	....

Evaluation

N°	100%	50%	0%
1			
2			
3			
4			
5			
6			
7			
8			
9			
10			

Notes

....

....

....

....

....

$$\underline{\textit{My day:} \ldots \ldots / \ldots \ldots / \ldots \ldots \ldots \ldots \ldots}$$

Daily plan

N°	
1	....
2	....
3	....
4	....
5	....
6	....
7	....
8	....
9	....
10	....

Evaluation

N°	100%	50%	0%
1			
2			
3			
4			
5			
6			
7			
8			
9			
10			

Notes

....

....

....

....

....

My day: .... / ...... / ....

Daily plan

N°	
1	....
2	....
3	....
4	....
5	....
6	....
7	....
8	....
9	....
10	....

Evaluation

N°	100%	50%	0%
1			
2			
3			
4			
5			
6			
7			
8			
9			
10			

Notes

....

....

....

....

....

N°	Daily plan
1	....
2	....
3	....
4	....
5	....
6	....
7	....
8	....
9	....
10	....

N°	100%	50%	0%
1			
2			
3			
4			
5			
6			
7			
8			
9			
10			

Notes

....

....

....

....

....

<u>*My day:* .... / .... / ....</u>

Daily plan

N°	
1	....
2	....
3	....
4	....
5	....
6	....
7	....
8	....
9	....
10	....

Evaluation

N°	100%	50%	0%
1			
2			
3			
4			
5			
6			
7			
8			
9			
10			

Notes

....

....

....

....

....

My day: .... / .... / ....

Daily plan

N°	
1	....
2	....
3	....
4	....
5	....
6	....
7	....
8	....
9	....
10	....

Evaluation

N°	100%	50%	0%
1			
2			
3			
4			
5			
6			
7			
8			
9			
10			

Notes

....

....

....

....

....

<u>*My day:* ..../......../.................</u>

Daily plan

N°	
1	....
2	....
3	....
4	....
5	....
6	....
7	....
8	....
9	....
10	....

Evaluation

N°	100%	50%	0%
1			
2			
3			
4			
5			
6			
7			
8			
9			
10			

Notes

....

....

....

....

....

<u>*My day:* . . . . . . / . . . . . . / . . . .</u>

Daily plan

N°	
1	....
2	....
3	....
4	....
5	....
6	....
7	....
8	....
9	....
10	....

Evaluation

N°	100%	50%	0%
1			
2			
3			
4			
5			
6			
7			
8			
9			
10			

Notes

....

....

....

....

....

<u>*My day:* ..../......./...................</u>

Daily plan

N°	
1	....
2	....
3	....
4	....
5	....
6	....
7	....
8	....
9	....
10	....

Evaluation

N°	100%	50%	0%
1			
2			
3			
4			
5			
6			
7			
8			
9			
10			

Notes

....

....

....

....

....

<u>*My day:* ...... / ...... / ....</u>

Daily plan		**Evaluation**			
N°		**N°**	**100%**	**50%**	**0%**
1	....	1			
2	....	2			
3	....	3			
4	....	4			
5	....	5			
6	....	6			
7	....	7			
8	....	8			
9	....	9			
10	....	10			

Notes

....

....

....

....

....

Daily plan

N°	
1	....
2	....
3	....
4	....
5	....
6	....
7	....
8	....
9	....
10	....

Evaluation

N°	100%	50%	0%
1			
2			
3			
4			
5			
6			
7			
8			
9			
10			

Notes

....

....

....

....

....

<u>My day:</u> .... / .... / ....

Daily plan

N°	
1	....
2	....
3	....
4	....
5	....
6	....
7	....
8	....
9	....
10	....

Evaluation

N°	100%	50%	0%
1			
2			
3			
4			
5			
6			
7			
8			
9			
10			

Notes

....

....

....

....

....

<u>*My day:* .... / .... / ....</u>

Daily plan

N°	
1	....
2	....
3	....
4	....
5	....
6	....
7	....
8	....
9	....
10	....

Evaluation

N°	100%	50%	0%
1			
2			
3			
4			
5			
6			
7			
8			
9			
10			

Notes

....

....

....

....

....

Daily plan

N°	
1	....
2	....
3	....
4	....
5	....
6	....
7	....
8	....
9	....
10	....

Evaluation

N°	100%	50%	0%
1			
2			
3			
4			
5			
6			
7			
8			
9			
10			

Notes

....

....

....

....

....

Daily plan

N°	
1	....
2	....
3	....
4	....
5	....
6	....
7	....
8	....
9	....
10	....

Evaluation

N°	100%	50%	0%
1			
2			
3			
4			
5			
6			
7			
8			
9			
10			

Notes

....

....

....

....

....

Daily plan

N°	
1	....
2	....
3	....
4	....
5	....
6	....
7	....
8	....
9	....
10	....

Evaluation

N°	100%	50%	0%
1			
2			
3			
4			
5			
6			
7			
8			
9			
10			

Notes

....

....

....

....

....

<u>*My day:*</u> ...... / ...... / ....

<table>
<tr><td colspan="2">**Daily plan**</td></tr>
<tr><td>**N°**</td><td></td></tr>
<tr><td>1</td><td>..............................</td></tr>
<tr><td>2</td><td>..............................</td></tr>
<tr><td>3</td><td>..............................</td></tr>
<tr><td>4</td><td>..............................</td></tr>
<tr><td>5</td><td>..............................</td></tr>
<tr><td>6</td><td>..............................</td></tr>
<tr><td>7</td><td>..............................</td></tr>
<tr><td>8</td><td>..............................</td></tr>
<tr><td>9</td><td>..............................</td></tr>
<tr><td>10</td><td>..............................</td></tr>
</table>

Evaluation			
N°	**100%**	**50%**	**0%**
1			
2			
3			
4			
5			
6			
7			
8			
9			
10			

Notes

....

....

....

....

....

<u>*My day:* ..../......../..................</u>

Daily plan

N°	
1	....
2	....
3	....
4	....
5	....
6	....
7	....
8	....
9	....
10	....

Evaluation

N°	100%	50%	0%
1			
2			
3			
4			
5			
6			
7			
8			
9			
10			

Notes

....

....

....

....

....

My day: …… / …… / ……………

Daily plan

N°	
1	……………………………
2	……………………………
3	……………………………
4	……………………………
5	……………………………
6	……………………………
7	……………………………
8	……………………………
9	……………………………
10	……………………………

Evaluation

N°	100%	50%	0%
1			
2			
3			
4			
5			
6			
7			
8			
9			
10			

Notes

…………………………………………………………………………

…………………………………………………………………………

…………………………………………………………………………

…………………………………………………………………………

…………………………………………………………………………

<u>*My day:* ...... / ...... / ....</u>

Daily plan	
N°	
1	....
2	....
3	....
4	....
5	....
6	....
7	....
8	....
9	....
10	....

Evaluation			
N°	100%	50%	0%
1			
2			
3			
4			
5			
6			
7			
8			
9			
10			

Notes

....

....

....

....

....

Daily plan

N°	
1	....
2	....
3	....
4	....
5	....
6	....
7	....
8	....
9	....
10	....

Evaluation

N°	100%	50%	0%
1			
2			
3			
4			
5			
6			
7			
8			
9			
10			

Notes

....

....

....

....

....

My day: .... / .... / ....

Daily plan

N°	
1	....
2	....
3	....
4	....
5	....
6	....
7	....
8	....
9	....
10	....

Evaluation

N°	100%	50%	0%
1			
2			
3			
4			
5			
6			
7			
8			
9			
10			

Notes

....

....

....

....

....

<u>*My day:* ..../......./...................</u>

Daily plan	
N°	
1	....
2	....
3	....
4	....
5	....
6	....
7	....
8	....
9	....
10	....

Evaluation			
N°	**100%**	**50%**	**0%**
1			
2			
3			
4			
5			
6			
7			
8			
9			
10			

Notes

....

....

....

....

....

Daily plan

N°	
1	....
2	....
3	....
4	....
5	....
6	....
7	....
8	....
9	....
10	....

Evaluation

N°	100%	50%	0%
1			
2			
3			
4			
5			
6			
7			
8			
9			
10			

Notes

....

....

....

....

....

<u>*My day:* ...... / ...... / ....</u>

Daily plan

N°	
1	....
2	....
3	....
4	....
5	....
6	....
7	....
8	....
9	....
10	....

Evaluation			
N°	100%	50%	0%
1			
2			
3			
4			
5			
6			
7			
8			
9			
10			

Notes
....
....
....
....
....

Daily plan

N°	
1	....
2	....
3	....
4	....
5	....
6	....
7	....
8	....
9	....
10	....

Evaluation

N°	100%	50%	0%
1			
2			
3			
4			
5			
6			
7			
8			
9			
10			

Notes

....

....

....

....

....

My day: .... / .... / ....

Daily plan

N°	
1	....
2	....
3	....
4	....
5	....
6	....
7	....
8	....
9	....
10	....

Evaluation

N°	100%	50%	0%
1			
2			
3			
4			
5			
6			
7			
8			
9			
10			

Notes

....

....

....

....

....

<u>*My day:* . . . . . . / . . . . . . / . . . .</u>

Daily plan

N°	
1	....
2	....
3	....
4	....
5	....
6	....
7	....
8	....
9	....
10	....

Evaluation

N°	100%	50%	0%
1			
2			
3			
4			
5			
6			
7			
8			
9			
10			

Notes

....

....

....

....

....

<u>My day:</u> .... / .... / ....

Daily plan

N°	
1	....
2	....
3	....
4	....
5	....
6	....
7	....
8	....
9	....
10	....

Evaluation

N°	100%	50%	0%
1			
2			
3			
4			
5			
6			
7			
8			
9			
10			

Notes

....

....

....

....

....

<u>*My day:*</u> ..../......./..................

<table>
<tr><td colspan="2" align="center">**Daily plan**</td></tr>
<tr><td>**N°**</td><td></td></tr>
<tr><td>1</td><td>..............................</td></tr>
<tr><td>2</td><td>..............................</td></tr>
<tr><td>3</td><td>..............................</td></tr>
<tr><td>4</td><td>..............................</td></tr>
<tr><td>5</td><td>..............................</td></tr>
<tr><td>6</td><td>..............................</td></tr>
<tr><td>7</td><td>..............................</td></tr>
<tr><td>8</td><td>..............................</td></tr>
<tr><td>9</td><td>..............................</td></tr>
<tr><td>10</td><td>..............................</td></tr>
</table>

Evaluation			
N°	**100%**	**50%**	**0%**
1			
2			
3			
4			
5			
6			
7			
8			
9			
10			

Notes

....

....

....

....

....

Daily plan

N°	
1	....
2	....
3	....
4	....
5	....
6	....
7	....
8	....
9	....
10	....

Evaluation

N°	100%	50%	0%
1			
2			
3			
4			
5			
6			
7			
8			
9			
10			

Notes

....

....

....

....

....

<u>*My day:* . . . . . . / . . . . . . / . . . .</u>

Daily plan

N°	
1	....
2	....
3	....
4	....
5	....
6	....
7	....
8	....
9	....
10	....

Evaluation

N°	100%	50%	0%
1			
2			
3			
4			
5			
6			
7			
8			
9			
10			

Notes

....

....

....

....

....

<u>My day:</u> .... / .... / ....

Daily plan

N°	
1	....
2	....
3	....
4	....
5	....
6	....
7	....
8	....
9	....
10	....

Evaluation

N°	100%	50%	0%
1			
2			
3			
4			
5			
6			
7			
8			
9			
10			

Notes

....

....

....

....

....

<u>**My day:** ..../......./.................</u>

Daily plan

N°	
1	....
2	....
3	....
4	....
5	....
6	....
7	....
8	....
9	....
10	....

Evaluation

N°	100%	50%	0%
1			
2			
3			
4			
5			
6			
7			
8			
9			
10			

Notes

....

....

....

....

....

My day: ...... / ...... / ....

Daily plan

N°	
1	....
2	....
3	....
4	....
5	....
6	....
7	....
8	....
9	....
10	....

Evaluation

N°	100%	50%	0%
1			
2			
3			
4			
5			
6			
7			
8			
9			
10			

Notes

....

....

....

....

....

<u>*My day:* ...... / ...... / ....</u>

Daily plan

N°	
1	....
2	....
3	....
4	....
5	....
6	....
7	....
8	....
9	....
10	....

Evaluation

N°	100%	50%	0%
1			
2			
3			
4			
5			
6			
7			
8			
9			
10			

Notes

....

....

....

....

....

Daily plan

N°	
1	....
2	....
3	....
4	....
5	....
6	....
7	....
8	....
9	....
10	....

Evaluation

N°	100%	50%	0%
1			
2			
3			
4			
5			
6			
7			
8			
9			
10			

Notes

....

....

....

....

....

<u>*My day:* ...... / ...... / ....</u>

Daily plan

N°	
1	....
2	....
3	....
4	....
5	....
6	....
7	....
8	....
9	....
10	....

Evaluation

N°	100%	50%	0%
1			
2			
3			
4			
5			
6			
7			
8			
9			
10			

Notes

....

....

....

....

....

Daily plan

N°	
1	....
2	....
3	....
4	....
5	....
6	....
7	....
8	....
9	....
10	....

Evaluation

N°	100%	50%	0%
1			
2			
3			
4			
5			
6			
7			
8			
9			
10			

Notes

....

....

....

....

....

My day: ...... / ...... / ....

Daily plan

N°	
1	....
2	....
3	....
4	....
5	....
6	....
7	....
8	....
9	....
10	....

Evaluation

N°	100%	50%	0%
1			
2			
3			
4			
5			
6			
7			
8			
9			
10			

Notes

....

....

....

....

....

<u>*My day:* .... / .... / ....</u>

	Daily plan
N°	
1	....
2	....
3	....
4	....
5	....
6	....
7	....
8	....
9	....
10	....

N°	**100%**	**50%**	**0%**
1			
2			
3			
4			
5			
6			
7			
8			
9			
10			

Evaluation

Notes

....
....
....
....
....

Daily plan

N°	
1	....
2	....
3	....
4	....
5	....
6	....
7	....
8	....
9	....
10	....

Evaluation

N°	100%	50%	0%
1			
2			
3			
4			
5			
6			
7			
8			
9			
10			

Notes

....

....

....

....

....

Daily plan

N°	
1	....
2	....
3	....
4	....
5	....
6	....
7	....
8	....
9	....
10	....

Evaluation

N°	100%	50%	0%
1			
2			
3			
4			
5			
6			
7			
8			
9			
10			

Notes

Daily plan

N°	
1	....
2	....
3	....
4	....
5	....
6	....
7	....
8	....
9	....
10	....

Évaluation

N°	100%	50%	0%
1			
2			
3			
4			
5			
6			
7			
8			
9			
10			

Notes

....

....

....

....

....

<u>*My day:* …… / …… / ………………</u>

N°	Daily plan
1	……………………………
2	……………………………
3	……………………………
4	……………………………
5	……………………………
6	……………………………
7	……………………………
8	……………………………
9	……………………………
10	……………………………

Evaluation

N°	100%	50%	0%
1			
2			
3			
4			
5			
6			
7			
8			
9			
10			

Notes

……………………………………………………………………………………

……………………………………………………………………………………

……………………………………………………………………………………

……………………………………………………………………………………

……………………………………………………………………………………

<u>My day:</u> .... / .... / ....

<table>
<tr><th colspan="2">Daily plan</th></tr>
<tr><th>N°</th><th></th></tr>
<tr><td>1</td><td>............................</td></tr>
<tr><td>2</td><td>............................</td></tr>
<tr><td>3</td><td>............................</td></tr>
<tr><td>4</td><td>............................</td></tr>
<tr><td>5</td><td>............................</td></tr>
<tr><td>6</td><td>............................</td></tr>
<tr><td>7</td><td>............................</td></tr>
<tr><td>8</td><td>............................</td></tr>
<tr><td>9</td><td>............................</td></tr>
<tr><td>10</td><td>............................</td></tr>
</table>

Evaluation			
N°	100%	50%	0%
1			
2			
3			
4			
5			
6			
7			
8			
9			
10			

Notes

....

....

....

....

....

<u>*My day:* ...... / ...... / ....</u>

Daily plan

N°	
1	....
2	....
3	....
4	....
5	....
6	....
7	....
8	....
9	....
10	....

Evaluation

N°	100%	50%	0%
1			
2			
3			
4			
5			
6			
7			
8			
9			
10			

Notes

....

....

....

....

....

<u>My day:</u> ...... / ...... / ....

<table>
<tr><td colspan="2">Daily plan</td></tr>
</table>

N°	
1	....
2	....
3	....
4	....
5	....
6	....
7	....
8	....
9	....
10	....

Evaluation

N°	100%	50%	0%
1			
2			
3			
4			
5			
6			
7			
8			
9			
10			

Notes

....

....

....

....

....

<u>*My day:* ...... / ...... / ....</u>

N°	Daily plan
1	....
2	....
3	....
4	....
5	....
6	....
7	....
8	....
9	....
10	....

N°	100%	50%	0%
1			
2			
3			
4			
5			
6			
7			
8			
9			
10			

Notes

....

....

....

....

....

<u>*My day:* ...... / ...... / ....</u>

Daily plan

N°	
1	....
2	....
3	....
4	....
5	....
6	....
7	....
8	....
9	....
10	....

Evaluation

N°	100%	50%	0%
1			
2			
3			
4			
5			
6			
7			
8			
9			
10			

Notes

....

....

....

....

....

<u>My day: .... / .... / ....</u>

Daily plan	
N°	
1	....
2	....
3	....
4	....
5	....
6	....
7	....
8	....
9	....
10	....

N°	100%	50%	0%
1			
2			
3			
4			
5			
6			
7			
8			
9			
10			

Evaluation

Notes

....

....

....

....

....

My day: ..../......../..................

Daily plan

N°	
1	....
2	....
3	....
4	....
5	....
6	....
7	....
8	....
9	....
10	....

Evaluation

N°	100%	50%	0%
1			
2			
3			
4			
5			
6			
7			
8			
9			
10			

Notes

....

....

....

....

....

<u>My day:</u> ..../......./..................

<table>
<tr><td colspan="2" align="center">Daily plan</td><td colspan="4" align="center">Evaluation</td></tr>
</table>

N°		N°	100%	50%	0%
1	....	1			
2	....	2			
3	....	3			
4	....	4			
5	....	5			
6	....	6			
7	....	7			
8	....	8			
9	....	9			
10	....	10			

Notes

....

....

....

....

....

My day: …… / …… / ………………

Daily plan

N°	
1	……………………………
2	……………………………
3	……………………………
4	……………………………
5	……………………………
6	……………………………
7	……………………………
8	……………………………
9	……………………………
10	……………………………

Evaluation

N°	100%	50%	0%
1			
2			
3			
4			
5			
6			
7			
8			
9			
10			

Notes

…………………………………………………………………………………

…………………………………………………………………………………

…………………………………………………………………………………

…………………………………………………………………………………

…………………………………………………………………………………

Daily plan

N°	
1	....
2	....
3	....
4	....
5	....
6	....
7	....
8	....
9	....
10	....

Evaluation

N°	100%	50%	0%
1			
2			
3			
4			
5			
6			
7			
8			
9			
10			

Notes

....

....

....

....

....

My day: ...... / ...... / ....

Daily plan

N°	
1	....
2	....
3	....
4	....
5	....
6	....
7	....
8	....
9	....
10	....

Evaluation

N°	100%	50%	0%
1			
2			
3			
4			
5			
6			
7			
8			
9			
10			

Notes

....

....

....

....

....

Daily plan

N°	
1	....
2	....
3	....
4	....
5	....
6	....
7	....
8	....
9	....
10	....

Evaluation

N°	100%	50%	0%
1			
2			
3			
4			
5			
6			
7			
8			
9			
10			

Notes

....

....

....

....

....

My day: .... /........ /....................

Daily plan

N°	
1	....
2	....
3	....
4	....
5	....
6	....
7	....
8	....
9	....
10	....

Evaluation

N°	100%	50%	0%
1			
2			
3			
4			
5			
6			
7			
8			
9			
10			

Notes

....
....
....
....
....

Daily plan

N°	
1	....
2	....
3	....
4	....
5	....
6	....
7	....
8	....
9	....
10	....

Evaluation

N°	100%	50%	0%
1			
2			
3			
4			
5			
6			
7			
8			
9			
10			

Notes

....

....

....

....

....

My day: .... / .... / ....

Daily plan

N°	
1	....
2	....
3	....
4	....
5	....
6	....
7	....
8	....
9	....
10	....

Evaluation

N°	100%	50%	0%
1			
2			
3			
4			
5			
6			
7			
8			
9			
10			

Notes

....

....

....

....

....

Daily plan

N°	
1	....
2	....
3	....
4	....
5	....
6	....
7	....
8	....
9	....
10	....

Evaluation

N°	100%	50%	0%
1			
2			
3			
4			
5			
6			
7			
8			
9			
10			

Notes

....
....
....
....
....

<u>*My day:* ...... / ...... / ....</u>

Daily plan

N°	
1	....
2	....
3	....
4	....
5	....
6	....
7	....
8	....
9	....
10	....

Evaluation

N°	100%	50%	0%
1			
2			
3			
4			
5			
6			
7			
8			
9			
10			

Notes

....

....

....

....

....

My day: ..../......../..................

Daily plan	
N°	
1	....
2	....
3	....
4	....
5	....
6	....
7	....
8	....
9	....
10	....

Evaluation			
N°	**100%**	**50%**	**0%**
1			
2			
3			
4			
5			
6			
7			
8			
9			
10			

Notes

....

....

....

....

....

<u>**My day:** ...... / ...... / ....</u>

Daily plan

N°	
1	....
2	....
3	....
4	....
5	....
6	....
7	....
8	....
9	....
10	....

Evaluation

N°	100%	50%	0%
1			
2			
3			
4			
5			
6			
7			
8			
9			
10			

Notes

....

....

....

....

....

<u>*My day:* .... / .... / ....</u>

Daily plan

N°	
1	....
2	....
3	....
4	....
5	....
6	....
7	....
8	....
9	....
10	....

Evaluation

N°	100%	50%	0%
1			
2			
3			
4			
5			
6			
7			
8			
9			
10			

Notes

....

....

....

....

....

<u>*My day:* . . . . . . / . . . . . . / . . . .</u>

Daily plan

N°	
1	....
2	....
3	....
4	....
5	....
6	....
7	....
8	....
9	....
10	....

Evaluation

N°	100%	50%	0%
1			
2			
3			
4			
5			
6			
7			
8			
9			
10			

Notes

....

....

....

....

....

Daily plan

N°	
1	....
2	....
3	....
4	....
5	....
6	....
7	....
8	....
9	....
10	....

Evaluation

N°	100%	50%	0%
1			
2			
3			
4			
5			
6			
7			
8			
9			
10			

Notes

....

....

....

....

....

<u>*My day:*</u> .... / ...... / ....

Daily plan	
N°	
1	....
2	....
3	....
4	....
5	....
6	....
7	....
8	....
9	....
10	....

Evaluation			
N°	**100%**	**50%**	**0%**
1			
2			
3			
4			
5			
6			
7			
8			
9			
10			

Notes
....
....
....
....
....

<u>*My day:* ...... / ...... / ....</u>

Daily plan	
N°	
1	....
2	....
3	....
4	....
5	....
6	....
7	....
8	....
9	....
10	....

Evaluation			
N°	100%	50%	0%
1			
2			
3			
4			
5			
6			
7			
8			
9			
10			

Notes

....

....

....

....

....

<u>*My day:*</u> .... / .... / ....

Daily plan

N°	
1	....
2	....
3	....
4	....
5	....
6	....
7	....
8	....
9	....
10	....

Evaluation

N°	100%	50%	0%
1			
2			
3			
4			
5			
6			
7			
8			
9			
10			

Notes

....

....

....

....

....

<u>My day:</u> .... / .... / ....

Daily plan

N°	
1	....
2	....
3	....
4	....
5	....
6	....
7	....
8	....
9	....
10	....

Evaluation

N°	100%	50%	0%
1			
2			
3			
4			
5			
6			
7			
8			
9			
10			

Notes

....

....

....

....

....

<u>*My day:* ...... / ...... / ....</u>

Daily plan	
N°	
1	....
2	....
3	....
4	....
5	....
6	....
7	....
8	....
9	....
10	....

Evaluation			
N°	**100%**	**50%**	**0%**
1			
2			
3			
4			
5			
6			
7			
8			
9			
10			

Notes

....

....

....

....

....

<u>*My day:* .... / .... / ....</u>

Daily plan	
N°	
1	....
2	....
3	....
4	....
5	....
6	....
7	....
8	....
9	....
10	....

N°	100%	50%	0%
1			
2			
3			
4			
5			
6			
7			
8			
9			
10			

Evaluation

Notes

....

....

....

....

....

<u>*My day:* ...... / ...... / ....</u>

Daily plan	
N°	
1	....
2	....
3	....
4	....
5	....
6	....
7	....
8	....
9	....
10	....

N°	**100%**	**50%**	**0%**
1			
2			
3			
4			
5			
6			
7			
8			
9			
10			

Evaluation

Notes

....

....

....

....

....

Daily plan

N°	
1	....
2	....
3	....
4	....
5	....
6	....
7	....
8	....
9	....
10	....

Evaluation

N°	100%	50%	0%
1			
2			
3			
4			
5			
6			
7			
8			
9			
10			

Notes

....

....

....

....

....

Daily plan

N°	
1	....
2	....
3	....
4	....
5	....
6	....
7	....
8	....
9	....
10	....

Evaluation

N°	100%	50%	0%
1			
2			
3			
4			
5			
6			
7			
8			
9			
10			

Notes

....

....

....

....

....

<u>*My day:* ...... / ...... / ....</u>

Daily plan	
N°	
1	....
2	....
3	....
4	....
5	....
6	....
7	....
8	....
9	....
10	....

N°	100%	50%	0%
1			
2			
3			
4			
5			
6			
7			
8			
9			
10			

Evaluation

Notes

....

....

....

....

....

My day: ...... / ...... / ....

Daily plan

N°	
1	....
2	....
3	....
4	....
5	....
6	....
7	....
8	....
9	....
10	....

Evaluation

N°	100%	50%	0%
1			
2			
3			
4			
5			
6			
7			
8			
9			
10			

Notes

....

....

....

....

....

<u>*My day:* .... / .... / ....</u>

N°	Daily plan
1	....
2	....
3	....
4	....
5	....
6	....
7	....
8	....
9	....
10	....

Evaluation

N°	100%	50%	0%
1			
2			
3			
4			
5			
6			
7			
8			
9			
10			

Notes

....
....
....
....
....

<u>My day: ...... / ...... / ....</u>

Daily plan	
N°	
1	....
2	....
3	....
4	....
5	....
6	....
7	....
8	....
9	....
10	....

Evaluation			
N°	**100%**	**50%**	**0%**
1			
2			
3			
4			
5			
6			
7			
8			
9			
10			

Notes

....

....

....

....

....

My day: …… / …… / ………………

Daily plan

N°	
1	……………………………
2	……………………………
3	……………………………
4	……………………………
5	……………………………
6	……………………………
7	……………………………
8	……………………………
9	……………………………
10	……………………………

Evaluation

N°	100%	50%	0%
1			
2			
3			
4			
5			
6			
7			
8			
9			
10			

Notes

……………………………………………………………………………………

……………………………………………………………………………………

……………………………………………………………………………………

……………………………………………………………………………………

……………………………………………………………………………………

<u>*My day:* ...... / ...... / ....</u>

Daily plan	
N°	
1	....
2	....
3	....
4	....
5	....
6	....
7	....
8	....
9	....
10	....

Evaluation			
N°	**100%**	**50%**	**0%**
1			
2			
3			
4			
5			
6			
7			
8			
9			
10			

Notes

....

....

....

....

....

<u>My day:</u> .... / .... / ....

Daily plan	
N°	
1	....
2	....
3	....
4	....
5	....
6	....
7	....
8	....
9	....
10	....

Evaluation			
N°	100%	50%	0%
1			
2			
3			
4			
5			
6			
7			
8			
9			
10			

Notes

....

....

....

....

....

<u>**My day:** …… / …… / ………………</u>

Daily plan	
N°	
1	…………………………
2	…………………………
3	…………………………
4	…………………………
5	…………………………
6	…………………………
7	…………………………
8	…………………………
9	…………………………
10	…………………………

N°	100%	50%	0%
1			
2			
3			
4			
5			
6			
7			
8			
9			
10			

Evaluation

Notes

………………………………………………………………………

………………………………………………………………………

………………………………………………………………………

………………………………………………………………………

………………………………………………………………………

Daily plan

N°	
1	……………………………
2	……………………………
3	……………………………
4	……………………………
5	……………………………
6	……………………………
7	……………………………
8	……………………………
9	……………………………
10	……………………………

Evaluation

N°	100%	50%	0%
1			
2			
3			
4			
5			
6			
7			
8			
9			
10			

Notes

<u>*My day:* . . . . . . / . . . . . . / . . . .</u>

Daily plan

N°	
1	....
2	....
3	....
4	....
5	....
6	....
7	....
8	....
9	....
10	....

Evaluation

N°	100%	50%	0%
1			
2			
3			
4			
5			
6			
7			
8			
9			
10			

Notes

....

....

....

....

....

My day: .... / .... / ....

Daily plan

N°	
1	....
2	....
3	....
4	....
5	....
6	....
7	....
8	....
9	....
10	....

Evaluation

N°	100%	50%	0%
1			
2			
3			
4			
5			
6			
7			
8			
9			
10			

Notes

....

....

....

....

....

Daily plan

N°	
1	....
2	....
3	....
4	....
5	....
6	....
7	....
8	....
9	....
10	....

Evaluation

N°	100%	50%	0%
1			
2			
3			
4			
5			
6			
7			
8			
9			
10			

Notes

....

....

....

....

....

<u>*My day:* ...... / ...... / ....</u>

Daily plan

N°	
1	....
2	....
3	....
4	....
5	....
6	....
7	....
8	....
9	....
10	....

Evaluation

N°	100%	50%	0%
1			
2			
3			
4			
5			
6			
7			
8			
9			
10			

Notes

....

....

....

....

....

<u>*My day:* . . . . . . / . . . . . . / . . . .</u>

Daily plan	
N°	
1	....
2	....
3	....
4	....
5	....
6	....
7	....
8	....
9	....
10	....

N°	100%	50%	0%
1			
2			
3			
4			
5			
6			
7			
8			
9			
10			

Evaluation

Notes

....

....

....

....

....

My day: .... / .... / ....

Daily plan

N°	
1	....
2	....
3	....
4	....
5	....
6	....
7	....
8	....
9	....
10	....

Evaluation

N°	100%	50%	0%
1			
2			
3			
4			
5			
6			
7			
8			
9			
10			

Notes

....

....

....

....

....

<u>**My day:** .... /.......... /.....................</u>

Daily plan

N°	
1	
2	
3	
4	
5	
6	
7	
8	
9	
10	

Evaluation

N°	100%	50%	0%
1			
2			
3			
4			
5			
6			
7			
8			
9			
10			

Notes

<u>*My day:* .... / .... / ....</u>

Daily plan	
N°	
1	....
2	....
3	....
4	....
5	....
6	....
7	....
8	....
9	....
10	....

Evaluation			
N°	**100%**	**50%**	**0%**
1			
2			
3			
4			
5			
6			
7			
8			
9			
10			

Notes

....

....

....

....

....

<u>*My day:* .... / .... / ....</u>

Daily plan

N°	
1	....
2	....
3	....
4	....
5	....
6	....
7	....
8	....
9	....
10	....

Evaluation

N°	100%	50%	0%
1			
2			
3			
4			
5			
6			
7			
8			
9			
10			

Notes

....

....

....

....

....

<u>*My day:* ...... / ...... / ....</u>

Daily plan	
N°	
1	....
2	....
3	....
4	....
5	....
6	....
7	....
8	....
9	....
10	....

N°	**100%**	**50%**	**0%**
1			
2			
3			
4			
5			
6			
7			
8			
9			
10			

Evaluation

Notes

....

....

....

....

....

Daily plan

N°	
1	....
2	....
3	....
4	....
5	....
6	....
7	....
8	....
9	....
10	....

Evaluation

N°	100%	50%	0%
1			
2			
3			
4			
5			
6			
7			
8			
9			
10			

Notes

....

....

....

....

....

Daily plan

N°	
1	....
2	....
3	....
4	....
5	....
6	....
7	....
8	....
9	....
10	....

Evaluation

N°	100%	50%	0%
1			
2			
3			
4			
5			
6			
7			
8			
9			
10			

Notes

....

....

....

....

....

<u>*My day:* ...... / ...... / ....</u>

Daily plan

N°	
1	....
2	....
3	....
4	....
5	....
6	....
7	....
8	....
9	....
10	....

Evaluation

N°	100%	50%	0%
1			
2			
3			
4			
5			
6			
7			
8			
9			
10			

Notes

....

....

....

....

....

Daily plan

N°	
1	....
2	....
3	....
4	....
5	....
6	....
7	....
8	....
9	....
10	....

Evaluation

N°	100%	50%	0%
1			
2			
3			
4			
5			
6			
7			
8			
9			
10			

Notes

....

....

....

....

....

www.ingramcontent.com/pod-product-compliance
Lightning Source LLC
Chambersburg PA
CBHW031244250726
48655CB00005B/2069